LE
NOUVEAU PAYSAN
DU DANUBE,

Ou Doléances d'un Citoyen à l'Assemblée coloniale.

J'AI lu quelque part, qu'un payſan des rives du Danube, doué d'un ſens exquis, profondément affligé des maux de ſa patrie, n'ayant pour toute éloquence que celle de la nature, et le ſentiment de ſes malheurs, d'autre titre, pour parler aux maîtres du monde, que le cri de ſa conſcience, ſe préſenta un jour au ſénat romain. Son maintien noble et courageux, ſa figure agreſte et ſauvage, ſon diſcours ſévère, ſa réſignation magnanime, tout commanda l'attention de ſes juges ; et ſes vérités hardies lui méritèrent, de la part du ſénat, l'eſtime qu'arrache toujours la vertu courageuſe ; et de ſes concitoyens, un ſentiment bien plus cher à ſon cœur ; celui de la reconnaiſſance.

Légiſlateurs de Saint-Domingue ! je n'ai point les talens dont l'avait doué la nature ; et vous n'êtes pas non plus le ſénat de Rome : mais j'ai les intentions auſſi pures ; un ſens droit me découvre la vérité ; et un ſentiment irréfléchi me commande le bien ſi impérieuſement, et m'y dirige avec tant d'impétuoſité, que même, après l'avoir fait, je n'en ai pas acquis le droit de m'eſtimer davantage, tant ce fentiment eft involontaire. C'eft donc à ce titre que je m'adreffe à vous; car ce n'eft pas trop le moment de parler le langage de la modération au peuple, qui ne me lirait pas, ou ne m'entendrait pas. Il femble en effet que la raifon., échappée de toutes les têtes, n'y ait laiffé de place que pour l'exagération ; et l'on ne fait plus de différence aujourd'hui entre le penfeur et l'énergumène. Tout homme, quelque dépourvu qu'il foit de connaiffances, pourvu qu'il ait des foupçons, des injures et des calomnies toujours prêtes à oppofer au pouvoir exécutif, fe fait une réputation auprès du peuple ; et ce peuple, qu'il adule, et dont il anime les mouvemens, déjà trop paffionnés, fait grace à fa nullité, en faveur de fes déclamations.

Il n'eft aucun de vous peut-être (excepté ceux qui pourraient fe faire l'application de ces vérités) qui les ignore ; mais je ne fache pas qu'on ait encore ofé vous les offrir. Pour moi, qui fais que des légiflateurs doivent être impaffibles, et qu'ils écoutent les vérités avec autant de fang-froid que les lieux communs, je vais en laiffer échapper quelques-unes. Je fais bien qu'elles me vaudront le titre d'*aristocrate*, épithète commode avec laquelle l'ignorance répond à tout ; mais que m'importe un nom qui n'a plus de fens déterminé, fi on ne me prouve pas que j'ai tort. Je fais bien encore qu'on ameutera contre moi cette portion du peuple qu'on égare avec une fi coupable facilité : mais jufqu'à ce que vous m'ayez oppofé des vérités à des vérités, je vous dirai comme Menippe : *Tu te fâches, Jupiter ; tu as donc tort ?* Reftez impaffibles comme des légiflateurs, et répondez-moi par des faits et des raifons ; car c'eft avec des faits et des raifons que je vous combats.

LE NOUVEAU PAYSAN DU DANUBE,

Ou Doléances d'un Citoyen à l'Assemblée coloniale.

PAR M. MAZERES aîné, Habitant, et Membre de l'Assemblée provinciale du Nord.

Descends du haut des cieux, auguste Vérité,
Répands sur mes écrits ta force & ta clarté :
Que l'oreille des ROIS s'accoutume à t'entendre.

IMPRIMÉ AU CAP.

1792.

Vous avez deux partis bien diftincts dans votre affemblée. Celui qui domine, mû par le reffentiment de quelques perfécutions, vous mène au gré de fes virulentes paffions : les explofions de cette ancienne haine atteignent encore tous vos arrêtés ; et le peuple, dont ce parti fe dit défenfeur, féduit et égaré, ne voit pas que les idées faines s'encombrent fous fes déclamations, et que les arrêtés qui émanent de vos effervefcentes difcuffions, portent bien plus l'empreinte de la vengeance que de la raifon.

Que réfulte-t-il de cette lutte entre ce parti, qui s'appelle celui des *démagogues*, et l'autre qui s'écarte moins, mais qui s'écarte pourtant quelquefois en en fens contraire de la modération ? C'eft qu'identifiés prefque tous avec vos opinions, vous êtes parvenus à confidérer tous les membres du parti contraire comme ennemis du bien. Une réaction continuelle entre *le côté droit* et *le côté gauche*, vous a aigris ; et vous avez fini par vous contredire par habitude et par animofité : de forte que les difcuffions les plus fimples et les moins importantes, prolongées uniquement par cet efprit de réfiftance qui vous impulfe aujourd'hui, à l'infu de vous-même, abforbent des féances très-multipliées.

Ce mal n'eft pas fi grand, au premier apperçu, puifqu'il femble ne nous enlever que *du temps* et *de l'argent :* mais les réfultats en font terribles ; car dès qu'il y a deux partis dans une affemblée, celui qui a la majorité, finit toujours par enlever les décrets, fuffent-ils utiles ou dangereux ; et comme l'expérience prouve que fa marche croît toujours en raifon de la réfiftance que lui oppofe le parti contraire, le décret qui en réfulte, s'il était jufte ou utile, ferait l'effet du hafard ; car il faudrait que le parti qui l'aurait enlevé eût précisément eu de plus en force et en énergie , ce que l'autre avait de trop en faiblesse ou pusillanimité. On conçoit que si un tel équilibre est rare , on ne doit pas s'attendre à le trouver dans une assemblée où dominent des têtes aussi *incandescentes.*

Aussi , dans vos séances orageuses , dans celles propres à développer toute l'énergie des démagogues , je crois voir la vérité fixée au milieu de la salle entre les deux partis : l'un veut s'en approcher lentement , avec des précautions , et comme à tâton ; il lève , et ne franchit pas les obstacles ; et il y parviendrait à coup sûr : mais l'autre , au contraire , prend un élan si rapide , que renversant du premier choc le parti opposé , la vérité bientôt se trouve derrière tous les deux. Vous n'êtes pas toujours assez heureux pour vous appercevoir de votre marche forcée ; et le lendemain ne vous voit pas souvent revenir sur les écarts de la veille.

C'est sur-tout lorsqu'*une bonne dénonciation* vient agiter vos tribunes , que l'observateur de sang-froid gémit , en voyant la raison disparaître absolument de la discussion , couverte par les déclamations des démagogues , et par les cris des galleries en délire. Il n'y a plus que la vengeance , la terreur , ou la sotte crédulité , qui viennent parler à la tribune. Ceux qui parmi vous paient leur contingent en soupçons , en injures et en dénonciations ; ceux qui insubordonnent le peuple , et dépravent l'opinion publique , s'en emparent alors ; et les galleries , mugissantes de colère , ou de joie , repoussent , par leurs indécentes clameurs , l'homme raisonnable qui voudrait y offrir des idées saines , ou de la modération.

Ah ! c'eſt ainſi que, vos arrêtés ſont imprégnés de fiel ; c'eſt ainſi qu'ils portent tous l'empreinte du ſentiment qui domine dans vos ames ; c'eſt ainſi enfin, que, dépendans de la mobilité de vos impreſſions, ils décéleraient des principes verſatiles, s'ils ne décélaient encore mieux le caractère de la paſſion.

Chaque ſéance, ſi je le voulais, me fournirait un exemple de ce que je vous reproche ; mais je n'en choiſirai que deux plus marquans que les autres.

Le procès-verbal d'une ſentinelle accuſe M. de Cambéfort ; une diſcuſſion d'un quart-d'heure préſente ſon prétendu crime aux galleries, comme un crime de lèze-nation. La haine, l'ignorance et la raiſon parlent tour-à-tour leur langage : celui de la raiſon ſeul eſt rejetté. Un déſordre effroyable s'empare de l'aſſemblée, lorſque l'accuſé demande à ſe faire entendre : tout allait être éclairci ; il ne fallait que l'écouter : la juſtice et le beſoin de la paix ſe réuniſſaient pour vous en faire un devoir. Mais, votre but était de l'humilier ; et ce fut ce motif qui prévalut.

Qu'en réſulta-t-il ? Mandé à votre barre, il ne s'y rendit pas ; et vous appercevant alors, mais trop tard, que ce mandement était déjà une eſpèce de flétriſſure, et par conſéquent une punition, pour un homme qui n'était encore qu'accuſé, vous cherchâtes à eſcobarder, et vous voulûtes l'*appeller* à la barre : c'eſt-à-dire que, n'ayant pas obéi à vos ordres, vous étiez prêts à lui faire une *prière*. Fatigués enfin, et honteux d'une ſi honteuſe diſcuſſion, par une inſpiration du ciel, vous vous reſſouvîntes qu'ils exiſtait une aſſemblée provinciale, qui pourrait bien ſe charger de réparer vos torts.

Cet arrêté eſt digne de la diſcuſſion et de la dénonciation qui y avaient donné lieu. Jamais, non jamais, dans aucune assemblée, du travail de toutes les passions combinées, il ne jaillit tant de sottises et d'extravagances. L'impéritie le disputait à la sotte crédulité et à la mauvaise-foi. Enfin, un mélange dégoûtant d'audace et de faiblesse, de vengeance et de lâcheté, est le seul résultat de deux séances remplies de déclamations et d'absurdités.

Mais, je vous le demanderais, s'il était possible qu'on ne l'apperçût pas, quel était le but que vous vous proposiez ? Le bien public, me direz-vous. Il fallait donc écouter l'accusé ; il fallait prévoir que, grace à l'anarchie dans laquelle vous nous avez plongés, il n'existait plus de force publique, et conséquemment point de moyens coercitifs pour conduire à votre barre, en cas de refus, celui que vous y aviez mandé ; il fallait ne pas compromettre le peu de force morale que vous prête encore l'opinion publique ; il fallait enfin vous saisir de deux ou trois vérités qui, jettées alors dans l'assemblée, y furent étouffées dans un air infecté, par les explosions de toutes les passions réunies.

Rappelez-vous encore une séance qui fit gémir tous les gens sages ; tous ceux enfin qui calculent l'influence de vos délibérations sur le peuple, et qui savent que c'est de vos idées et de votre esprit, que se compose l'esprit public.

Un mulâtre est arrêté à la Fossette, portant au Haut-du-Cap le mot d'ordre, bien cacheté : ce fait vous est dénoncé. C'est, dit-on, l'aide-major de la place qui est coupable. Vous ne fesiez encore que soupçonner une trahison ; mais vous vous en occupiez ; vous y mettiez de l'importance ; et vous présidant, saisissant mal-à-propos cet instant, obſerva qu'il venait d'apprendre que trente matelots avaient été rappelés du poſte Saint-Michel, et qu'on ne lui avait pas dit qu'ils euſſent été remplacés. A cette réunion de faits alarmans, le peuple devait ſe croire, et ſe crut en effet vendu ; et j'apperçus autour de moi un mouvement général, qui tenait de la terreur et de l'indignation. Les têtes s'échauffaient ; les tribunes s'agitaient déjà, lorſque ces faits éclaircis vous laiſſèrent avec la honte d'avoir délibéré ſur des bruits vagues et extravagans. On ſut, enfin, que les matelots avaient été remplacés par des canonniers du Corps-Royal ; que c'était un officier des troupes patriotiques qui avait livré le mot d'ordre ; et que ce que vous regardiez comme le germe d'une conſpiration, n'était, tout-au-plus, qu'une imprudence, qui avait lieu depuis le commencement des troubles. Sans parler de la perte du temps, calculez, ſi vous le pouvez, l'effet d'une ſéance ſi mal employée.

Légiſlateurs paſſionnés ! ſi vous n'avez pas la réunion de toutes les connaiſſances qu'exigent vos nobles fonctions, ayez au moins des vertus, ou impoſez ſilence à vos turbulentes paſſions. Une conſtitution doit durer éternellement ; et les paſſions, dont vous ſouillez vos arrêtés, n'ont jamais rien fait de durable. Souvenez-vous de cette vérité : Les courtiſans flattent les rois ; mais les galleries flattent les aſſemblées, lorſque les aſſemblées flattent le peuple.

Souvenez-vous enfin, que, pour bien remplir ſa noble miſſion, le légiſlateur doit, par la penſée, placer ſon ame à la hauteur d'un tel poſte. C'eſt à cette élévation, d'où il plane ſur les hommes, que dépouillé, s'il ſe peut, de tout ſentiment et de toute affection terreftre , il doit faire abnégation de foi - même ; et c’eft de - là que , femblable à la Divinité , il diftribue le bonheur aux humains , et répand fur eux les tréfors de la penfée , et les fruits de fes profondes méditations. Il ne fe croit pas payé de fes peines , par les applaudiffemens d’une gallerie ignorante ou corrompue , mais bien par l’approbation de lui-même et de la poftérité.

S’ils favaient pourtant , les membres qui careffent les tribunes , combien eft paffagère cette popularité qu’elles accordent en échange d’une vile complai-fance; fur quoi elle eft fondée , et avec quels moyens on l’obtient prefque toujours ; s’ils réfléchiffaient que les idoles que le peuple a tour-à-tour encenfées , il les a bientôt ou foulées aux pieds , ou laiffées dans l’oubli ; s’ils fefaient attention que ce font ceux qui mettent l’exagération à la place du talent ; des hom-mes médiocres , enfin , et prefque toujours précédés aux affemblées d’une honteufe réputation , qui re-cherchent et obtiennent cette faveur , peut-être ils ne compoferaient pas ainfi avec eux-mêmes , et fans doute ils dédaigneraient des éloges fans valeur , pour avoir les applaudiffemens de leur confcience. Je le demande d’ailleurs à tout homme fenfé , quel prix peut-il donner à des éloges que n’obtiendra jamais l’homme raifonnable et modéré ?

Ah ! ce n’eft pas-là l’idée qu’avaient les anciens d’un légiflateur. Ce n’était pas ainfi que fe conduifit ce Lycurgue , qui oublia que c’était dans cette même ville que fes lois rendirent fi floriffante et fi heureufe , qu’une populace effrénée lui avait crevé un œil ; ce n’eft pas-là non plus l’idée que s’en fefait le citoyen de Genève. Le légiflateur , felon lui , eft un homme extraordinaire , et une efpèce de Dieu.

Celui, dit-il, *qui commande aux lois, ne doit pas commander aux hommes ; autrement ses lois, ministres de ses passions, ne feraient que perpétuer ses injustices.* Méditez cette phrafe ; laiffez errer votre penfée fur la conduite que vous avez tenue, depuis que vous êtes raffemblés, et citez enfuite un de vos arrêtés, dont cette phrafe ne faffe la fatyre. Mais fi vous avez oublié quelle était votre miffion , je vais vous mettre fous les yeux le réfultat de vos travaux, et vous rappeler à vos véritables fonctions.

De qui tenez-vous votre exiftence ? Qu'étiez-vous avant le mois de Septembre ; et qui eft-ce qui vous a conftitués ? C'eft , me répondrez-vous, la loi du 24 Septembre. Je l'ouvre donc, cette loi ; je vois qu'elle vous laiffe , concurremment avec le roi, le pouvoir légiflatif fur l'état politique et civil des gens de couleur , et qu'elle joint à cela la fimple faculté de propofer un plan de conftitution pour Saint-Domingue.

Je cherche donc dans le livre volumineux de vos ftériles travaux , fi vous vous êtes conformés à la volonté fouveraine. Je parcours vos arrêtés , pour favoir fi vous vous êtes circonfcrits dans les feuls et véritables pouvoirs auxquels vous fuffiez appelés ; mais mon étonnement égale ma terreur , lorfque je vois que , méprifant le décret du corps conftituant, vous avez , malgré la faine politique et le fens-commun , dédaigné , négligé , oublié vos véritables fonctions , pour vous emparer de celles qui , au terme de la loi même qui vous conftitue , vous font expreffément interdites.

Depuis cinq mois, vous n'avez fait que des actes, tantôt judiciaires , et tantôt adminiftratifs. Par des réglemens irréfléchis , vous avez paralyfé la force publique, encombré et épuisé le tréfor ; vous avez porté, jufques dans les plus petits détails, la haine, toujours aveugle, et la mefquinerie de vos vues étroites; au point que, des débris des autorités, naguères refpectées, d'une marche fimple et naturelle, il en eft réfulté un dédale inextricable, un enchevêtrement d'autorités, que les plus éclairés d'entre vous ne peuvent pas même débrouiller, et le cahos le plus effrayant dans toutes les branches rameufes de l'adminiftration.

Voulez-vous des exemples de ce que je vous cite ? Réfléchiffez fur les ridicules prétentions de vos commiffaires à la Jamaïque et à la Nouvelle-Angleterre ; fur la révifion des inftructions que vous leur avez données ; fur votre répugnance à méconnaître les agens intermédiaires, au moyen defquels vous deviez traiter avec le congrès ; fur votre incroyable opiniâtreté à préférer des commiffaires pris dans votre fein, au miniftre de la marine, et aux ambaffadeurs connus et avoués (1). Si toutes ces héréfies politiques ne décélaient que votre ignorance, le mal ne ferait pas infiniment dangereux ; mais la colonie, qui a befoin d'un gouvernement vigoureux, s'écroule fous l'ignorance et l'anarchie.

Je reviens au décret du 24, qui vous tranfmet la puiffance légiflative fur les gens de couleur. Ce n'eft pas, avez-vous fouvent répondu à ceux qui vous preffaient de travailler fur cette matière ; ce

---

(1) Les lettres de MM. Rabotteau & Lemoine ne prouvent que trop combien ces reproches font fondés. Mais cet exemple ne corrigera pas une affemblée qui femble s'être appliqué ce vers fi connu :

Et nul n'aura d'efprit, hors nous & nos amis.

n'eſt pas dans un temps d'anarchie et de déſordre, qu'on ſtatue ſur des droits politiques. Ah! je la ſens comme vous, cette terrible vérité; je ſais que tout ce que vous euſſiez cru devoir leur accorder, ils l'euſſent pris pour le réſultat de la crainte; comme ils euſſent jetté ſur le compte de l'animoſité, tout ce que vos convenances vous euſſent forcés de leur refuſer. Hé bien! puiſqu'il ne vous était pas poſſible de remplir la ſeule miſſion à laquelle vous étiez appelés, il fallait, et ce moyen eût peut-être ſauvé les débris de la colonie; oui, il fallait vous ajourner à des temps plus paiſibles : vous n'auriez peut-être pas à verſer aujourd'hui des larmes ſur tant de maux. Ce n'était pas, je vous le répète, pour adminiſtrer, inculper et requérir, que vous étiez réunis; et, encore un coup, vous n'avez pas exercé d'autres actes que ceux-là.

Vos travaux ont pourtant eu quelques ſuccès. Mais, hélas! quels terribles ſuccès! L'opinion publique eſt dépravée; le peuple de Saint-Domingue eſt tout-à-fait démoraliſé; vous lui avez inoculé cette fièvre licencieuſe, qui le travaille ſi dangéreuſement; vous l'avez plongé dans un véritable délire; et grace à vos diſcuſſions, devenu haineux, ſoupçonneux et inſubordonné, il eſt ſourd à la vérité, ſourd au langage de la modération : les lois ſont pour lui comme ſi elles n'exiſtaient pas; et il ne voit enfin par-tout que des traîtres et des conſpirateurs. Mais comment n'avez-vous pas prévu que ce peuple qui s'alimente de vos délibérations, et qui n'y voit que des ſoupçons er des inculpations accumulés ſur le pouvoir exécutif, devait, à la longue, abuſer contre vous-mêmes de votre exemple; et, qu'ayant une fois briſé les liens qui l'avaient préfervé de l'anarchie, il devait y tomber à force de mouvemens convulfifs, et fe maintenir dans cet état deftructeur, jufqu'à ce qu'on eût revivifié les refforts du pouvoir qu'il traite toujours en ennemi, quoique ce pouvoir, maintenu dans le jufte équilibre où le place la conftitution, et fraternifant, en un mot, avec la puiffance légiflative, le garantiffe de fes propres écarts, et lui procure même le bonheur, malgré lui, ou fans qu'il s'en doute.

C'eft une vérité, et c'eft une vérité bien effrayante ; nous n'avons plus de force publique : accufés et avilis tous les jours, les agens qui devraient la diriger, n'en ont plus les moyens ; et vous pouvez vous vanter de l'avoir annihilée. Quel frein avez-vous donc à oppofer aujourd'hui à la turbulente inquiétude d'un peuple réduit au dernier terme du malheur, et par conféquent injufte ? On ne peut, hélas ! que gémir de fes écarts. Le hafard, le feul hafard nous fauvera.

Vous avez donc commis une faute, dont les effets ne font calculables que par la fomme de nos malheurs ; d'avoir, d'une part, anéanti la force publique, et de l'autre, calomnié fes agens auprès d'un peuple qui, à cet égard, ne devait que trop fuivre votre exemple ; car il eft évident que fi une force publique, qui réunît au fecret de fes opérations, une grande promptitude dont l'exécution eft indifpenfable, c'eft fur-tout dans un pays que des foulévemens terribles peuvent, dans un inftant, couvrir de feu, de fang et de cadavres ; dans un pays, enfin, où cent maîtres contiennent dix mille efclaves. Mais cette faute s'aggrandit encore ; elle acquière tous les caractères d'une incroyable impé-

ritie, lorfque l'on confidère que c'eft dans un moment d'infurrection, que vous redoublez vos efforts
pour affaiblir, ou rendre nulles, les opérations du
gouvernement.

Et comme fi ce n'était pas affez de cette incon-
féquence ; c'eft dans une affemblée nombreufe ; c'eft
en public, que vous dictez à fes agens les mouvemens qu'ils doivent tenir contre vos ennemis. Vous
quittez les fonctions de légiflateur, pour celles de
militaire ; et vous donnez vous-mêmes, à vos efclaves, le fecret des opérations que vous dirigez contre
eux. Pour moi, je l'avoue, je ne vois pas fans
frémir, et fans pleurer d'avance fur les malheurs
de ma patrie, les difcuffions d'une affemblée qui
délibère au milieu des factions, et qui dirigea fes
premières opérations contre la force publique.

Mais on aura de la peine à croire que vous ayez
ofé déclarer que nous n'étions pas en guerre. Qui
eft-ce qui ne découvre pas le but de cette incroyable décifion, dans le défir de conferver une domi-
nation qui vous eft chère, et d'y joindre toute
l'extenfion de vos droits ? Il eft vrai, pourtant,
que s'il était un terme plus fort que celui – là, il
faudrait fe hâter de l'appliquer à notre pofition ;
car, enfin, dans la guerre on connaît au moins le
droit des gens ; et nos ennemis nous ont montré
bien cruellement quelle idée ils en avaient. L'affemblée nationale, au refte, vient de vous donner un
démenti formel ; elle a déclaré que par-tout où il
y avait des camps, on était en temps de guerre.

Ah ! il faut donc vous le dire ; toujours vous
avez été menés par les circonftances, et toujours
vous avez fait des lois, et pris des moyens de cir-
conftance, fans réfléchir que, dans la crife épou-

vantable qui nous travaille, d'après la mobilité des incidens, et la marche fucceffive et précipitée des événemens, la loi n'était pas encore créée, qu'elle n'était déjà plus applicable; fans réfléchir que, pendant que vous délibériez, l'objet avait déjà changé de face, et que votre difcuffion ne portait plus que fur de fauffes données; fans réfléchir, enfin, que dans tous les pays, dans tous les gouvernemens, par-tout où il y a eu des affemblées, elles ont ceffé de délibérer, lorfque la marche rapide des événemens ne permettait qu'aux talens, et à la conception d'un feul homme, d'en faifir, par la penfée, l'enfemble et les rapports, et d'y appliquer, fous la refponfabilité, le remède que fa prudence pouvait lui indiquer.

Sans doute que pour des légiflateurs, il n'eft pas de mine plus féconde que l'hiftoire, pour en tirer des moyens de conduite. Sans doute vous favez auffi que l'expérience leur eft d'un bien plus grand fecours que les plus belles théories du monde. Cette vérité, toute triviale qu'elle eft, devrait, ce me femble, être plus palpable encore dans une affemblée où l'on trouve peu de lumières, et où la force des paffions éteint celles qui pourraient s'y rencontrer: mais il ne me paraît pas que vous vous en foyez reffouvenus, ou du moins je ne vois pas que vous en ayez fait ufage.

Rome, cependant, qui favait être libre; Rome, dont on doit citer le nom à tous les peuples qui veulent l'être, nous offrait bien des exemples à imiter. C'eft dans des circonftances bien moins terribles que celles où nous gémiffons, qu'indépendamment de l'efprit public qui y régnait, malgré que, foit habitude, ou foit raifon, tous les citoyens

y fuſſent pénétrés des véritables principes qui conſ-
tituent une liberté raiſonnable, elle ſe ſauva tant
de fois, en créant un dictateur, devant lequel toutes
les magiſtratures diſparaiſſaient, ou en dépoſant,
dans les mains d'un conſul, l'autorité du ſénat.
De tels cas étaient même prévus ; et on invoquait
alors cette formule à jamais célèbre : *Nequid detri-
menti capiat respublica.*

Les inſulaires nos voiſins, les Anglais, qui s'en
doute, on n'en diſconviendra pas, ſont nos frères
aînés en politique, nous ont encore donné cet exemple ; et maintes fois, forcés par les circonſtances,
ils ont, par la proclamation de la loi martiale,
ſuſpendu toute délibération, et remis la direction
et l'exécution de la force publique, dans les mains
du pouvoir exécutif.

Mais la raiſon ; mais nos malheurs ; mais l'expérience ; tous ces exemples ſont ſans force à vos
yeux, légiſlateurs aveugles ! Vous confondez ſans
ceſſe la haine qu'ont juſtement mérité quelques
agens de la force publique, avec la prudence qui
doit en ſurveiller les opérations ; et cette haine,
couvrant votre raiſon, ne vous laiſſe pas appercevoir qu'en voulant diminuer ſes prérogatives et ſes
attributions, vous nous avez tout-à-fait privés de ſes
avantages. Il eſt encore problématique que la colonie
puiſſe marcher à la proſpérité et à l'opulence, avec
les formes nouvellement introduites ; il eſt problématique qu'on puiſſe unir dans un état les deux
extrêmes, la liberté et l'eſclavage (1). Mais pour

____

(1) Les exemples doivent, ce me ſemble, nous ſervir
de liſières dans notre marche politique ; or, l'expérience
prouve que les colonies anglaiſes, et à la Jamaïque, entre

qui réfléchit un peu, il eſt clair qu'elle ne peut jouir de tranquillité que par la promptitude, et même quelquefois par le ſecret des opérations du gouvernement.

Il faut encore vous le répéter ; et puiſſe les vérités que je vous adreſſe avoir quelque ſuccès ! vous n'avez jamais eu de plan de conduite bien tracé. De motions en motions, d'incidens en incidens, conduits au gré des événemens, et par la fluctuation de vos idées, à chaque circonſtance vous avez appliqué une nouvelle loi. Il n'eſt donc pas étonnant que cet aſſemblage biſarre de réglemens incohérens, travaillant le corps politique en ſens contraire, n'en ait tout-à fait détruit l'harmonie. Mais un inconvénient s'oppoſe, et s'oppoſera éternellement au bien que déſire ſi ardemment un grand nombre d'entre vous : les hommes paſſionnés, ceux qui ſouvent n'ont que des criailleries à vous

---

autres, ont eu des ſoulèvemens très - fréquens, et qu'ils ont été fort rares, au contraire, dans les colonies francaiſes, hollandaiſes, eſpagnoles et danoiſes. On ne peut guère expliquer les cauſes de ces tempêtes d'une part, et de calme de l'autre, que par la différence des gouvernemens ; & puiſqu'il eſt vrai que celui des iſles anglaiſes, qui n'eſt qu'une modification de celui de l'Angleterre, a conſervé beaucoup de formes démocratiques, nous devons frémir en réfléchiſſant ſur les idées qui dominent dans l'aſſemblée coloniale, et ſur l'incroyable aveuglement du peuple.

Ah ! ſi des idées modérées étaient encore de ſaiſon ; ſi deux ans de malheurs étaient une leçon aſſez efficace ; ſi l'aſſemblée avait le courage d'exprimer ce que penſent peut-être les plus éclairés des députés qui la compoſent, elle offrirait à l'aſſemblée nationale cette triſte, mais néceſſaire vérité : Nous renonçons à nos droits politiques, et nous ne vous demandons qu'une municipalité, et la reſponſabilité du gouverneur.

offrir, ont dans l'affemblée une influence trop pré-
pondérante. Je les ai entendus, ces hommes dont
la vie entière contrafte trop avec l'auftérité des
principes républicains, pour croire à leur hypocrite
vertu ; je les ai entendus traiter de mauvais citoyens
leurs collègues, qui ne voulaient que modérer leurs
écarts, et arrêter leur marche inconfidérée. Il eft
pourtant une réflexion à faire, qui laiffe de terribles préventions contre ces prétendus démocrates ;
c'eft que les citoyens qu'ils traitent d'ennemis du
peuple et du bien public, font précifément ceux
qui, par leur pofition, leurs liaifons et la majorité
de leurs intérêts, ne peuvent plus ne pas concourir
de tous leurs moyens au rétabliffement de l'ordre,
et à la profpérité de nos contrées dévaftées : ils
ont tout à gagner au maintien de l'ordre ; mais à
qui ne pofsède rien, ou peu de chofes, l'anarchie
et le filence des lois laiffent au moins des efpé-
rances vagues de fortune. Il en eft beaucoup d'autres dont les intentions font pures, et qui n'ont
d'autre tort que d'être faibles : mais à ceux qu'on
cite pour les connaiffances, deux ou trois exceptés,
fur lefquels encore la calomnie égoûta fes poifons,
je dirigerai contre eux, avec juftice, cette phrafe
de Tacite : *Magis extrá viriis, quam cùm virtutibus.*

Citoyens, je fuis votre frère et votre ami ; j'aime
mon pays ; mon intérêt m'y lie à jamais : je viens
de reprocher des erreurs à vos repréfentans ; mais je
ne méconnais pas pour cela leur autorité. Souvenez-
vous que montrer le vice d'une loi, n'eft pas prê-
cher la défobéiffance ; et n'oubliez pas qu'il eft bien
moins dangereux d'obéir à une loi, quelqu'injufte
qu'elle foit, que de la remplacer par fa volonté :
tôt ou tard elle doit être corrigée ; la vérité doit

paraître, et à sa suite la paix et le bonheur : mais par vos mouvemens irréfléchis; par l'oubli de toutes les autorités; par vos partis effervescens, vous éloignez son règne, et vous fuyez le repos, au lieu de vous en approcher.

F I N.